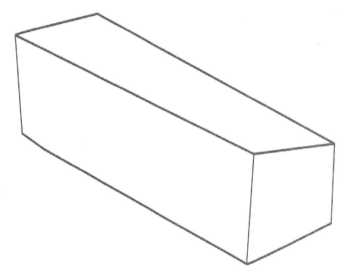

Step 2

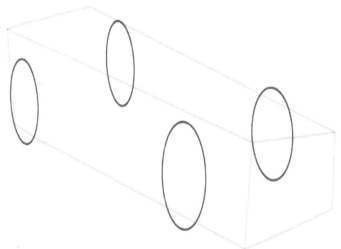

Step 3

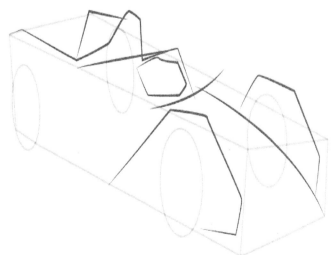

Step 4

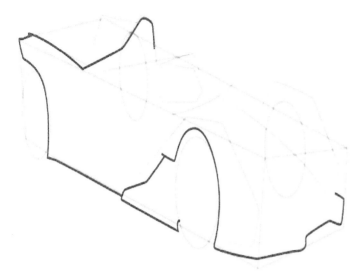

Step 5

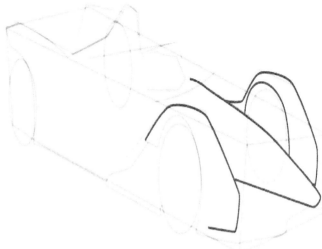

Step 6

Step 7

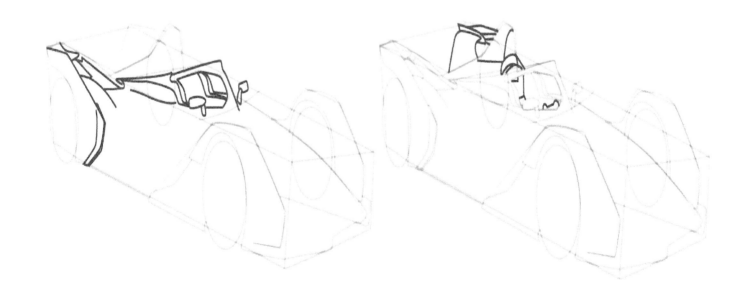

Step 8

Step 9

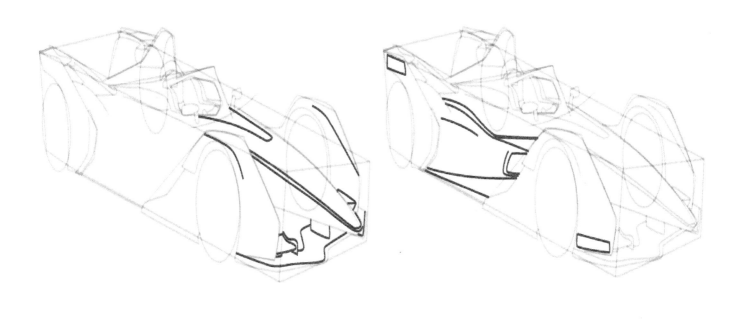

Step 10

Step 11

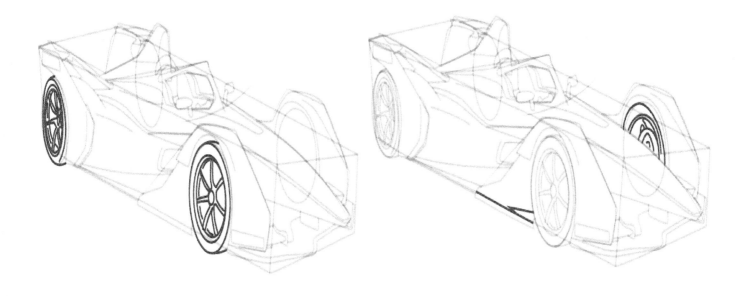

Step 12

Step 1

Step 2

Step 3

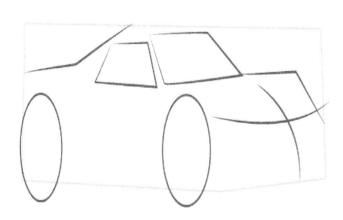

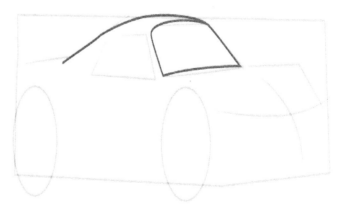

Step 4

Step 5

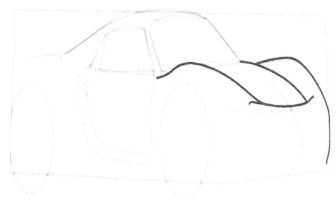

Step 6

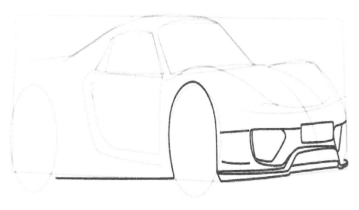

Step 7

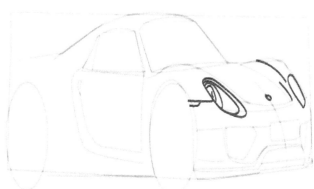

Step 8

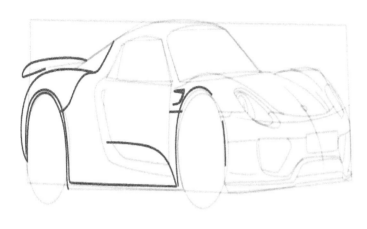

Step 9

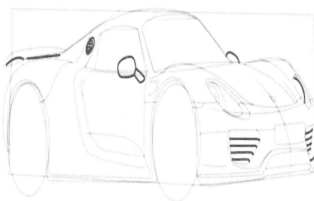

Step 10

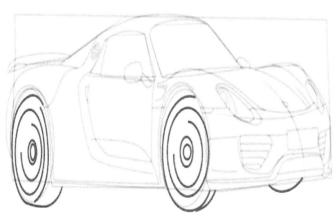

Step 11

Step 1

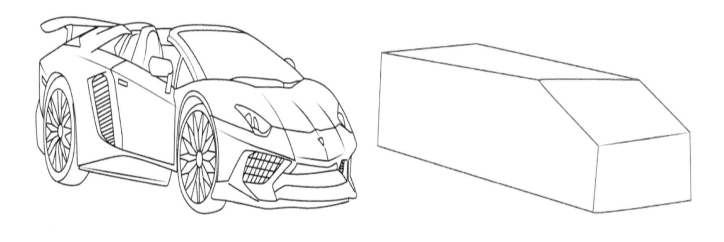

Step 2   Step 3

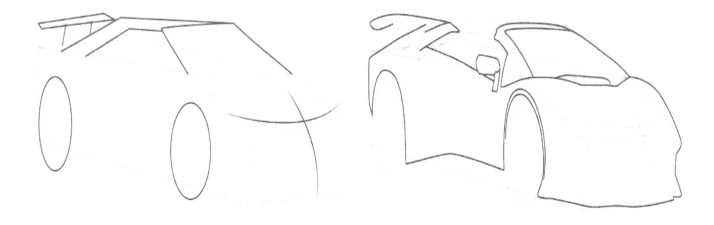

Step 4

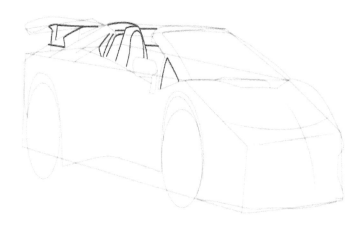

Step 5

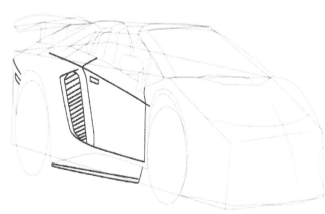

Step 6

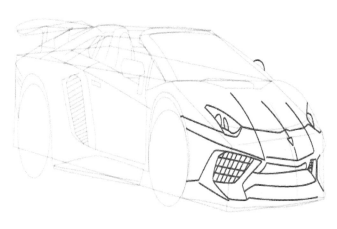

Step 7

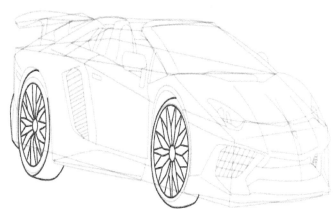

Step 8

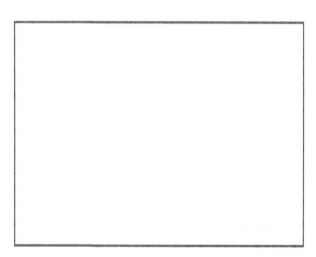

Step 2

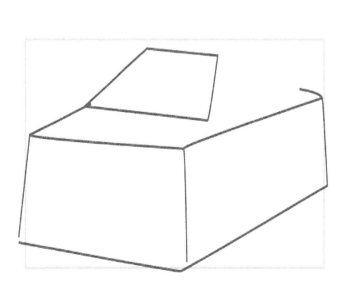

Step 3

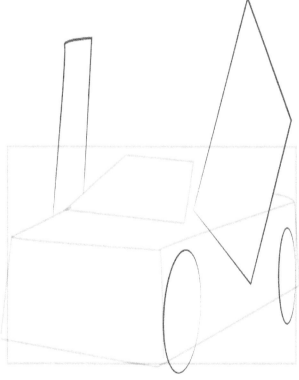

Step 4

Step 5

Step 6

Step 7

Step 8

Step 9

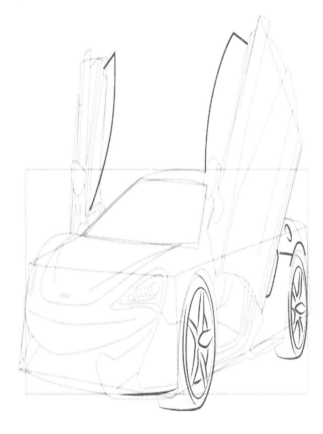

Step 10

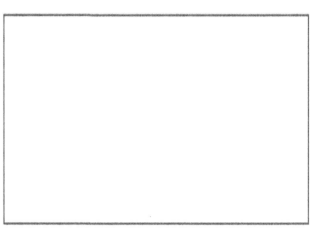

Step 2

Step 3

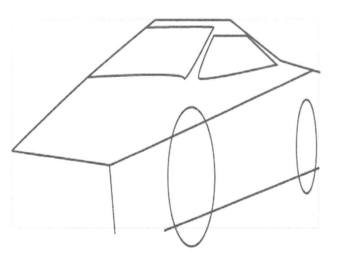

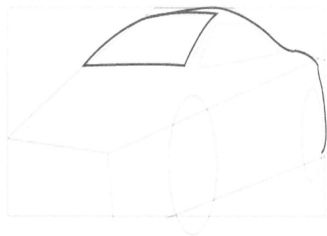

Step 4

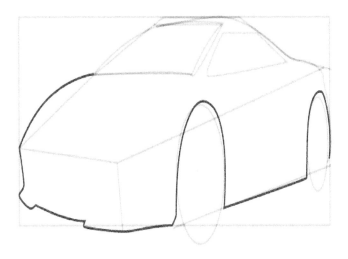

Step 5

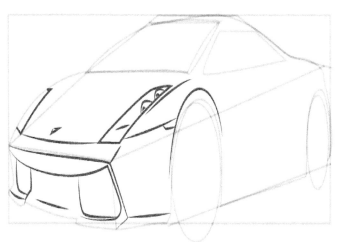

Step 6

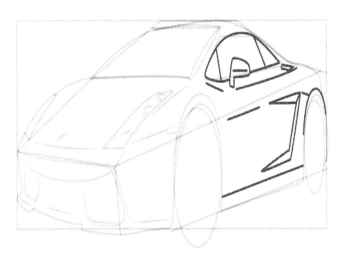

Step 7

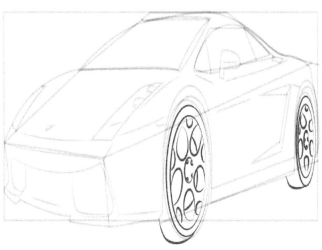

Step 8

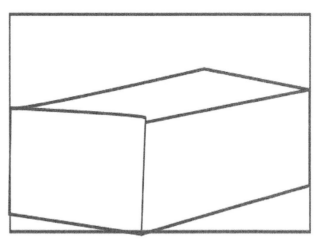

Step 2

Step 3

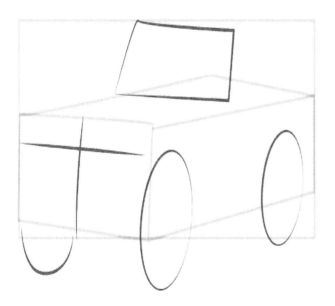
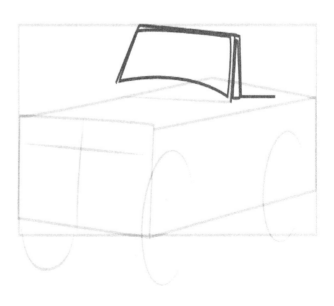

Step 4

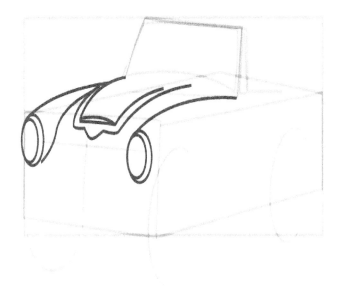

Step 5

Step 6

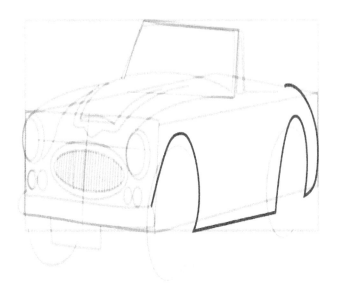

Step 7

Step 8

Step 9

Step 1

Step 2

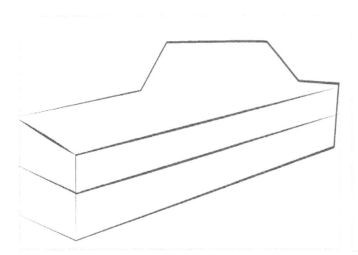

Step 3

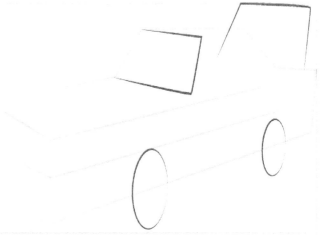

Step 4

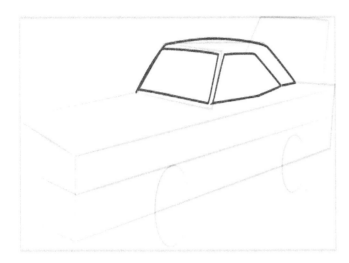

Step 5

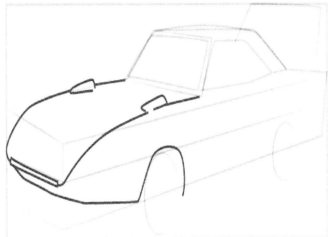

Step 6

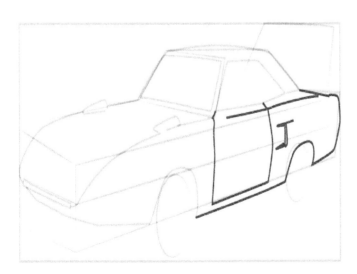

Step 7

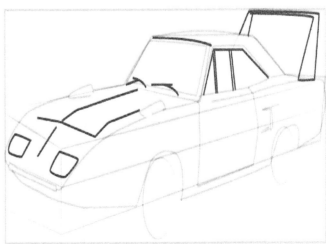

Step 8

Step 9

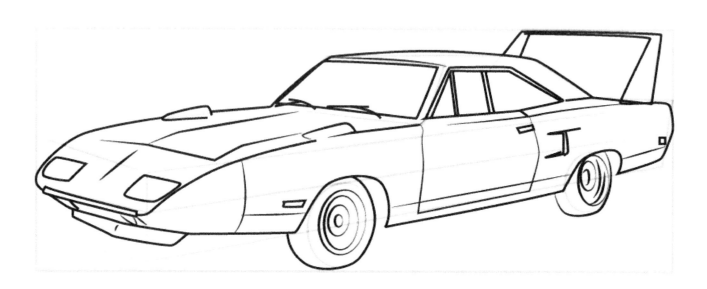

Step 1

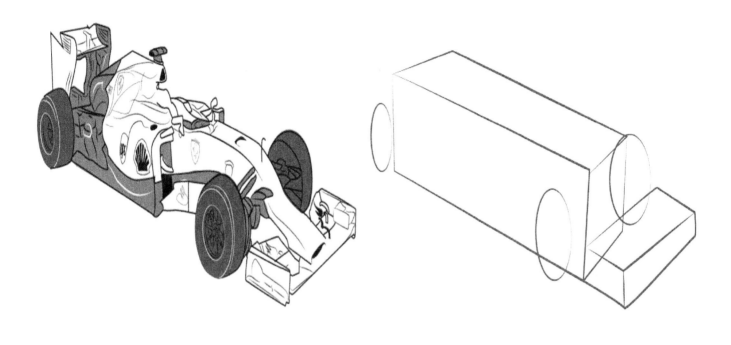

Step 2

Step 3

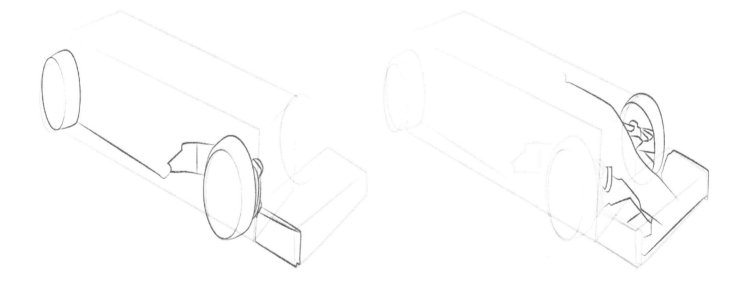

Step 4

Step 5

Step 6

Step 7

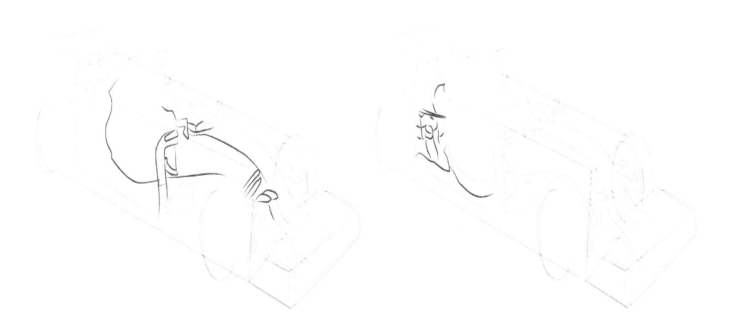

Step 8

Step 9

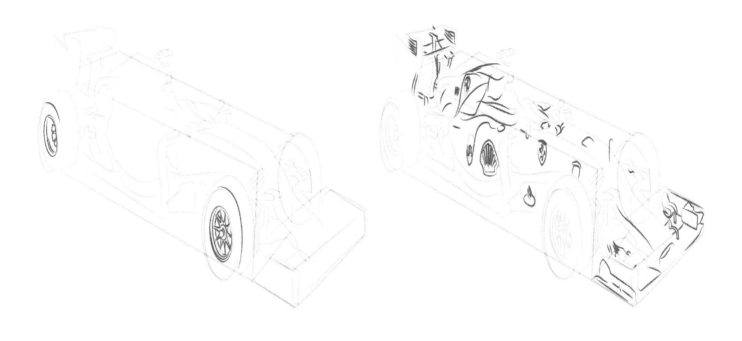

Step 10

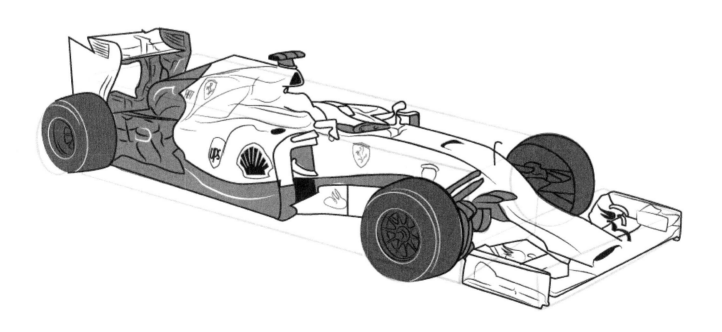

Step 1

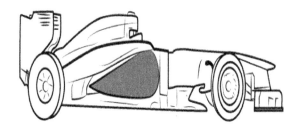

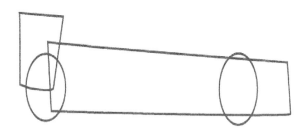

Step 2

Step 3

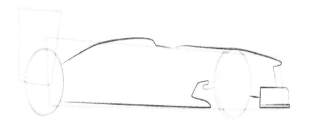

Step 4

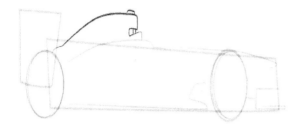

Step 5

Step 6

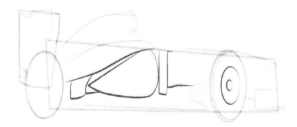

Step 7

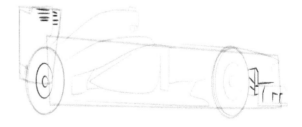

Step 8

Step 9

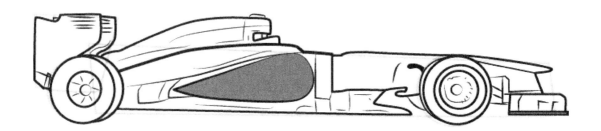

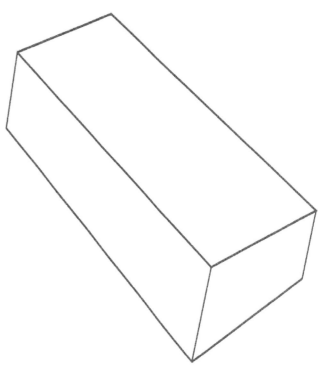

Step 2

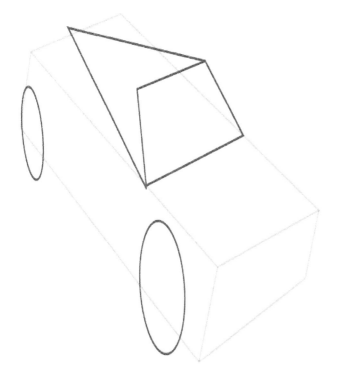

Step 3

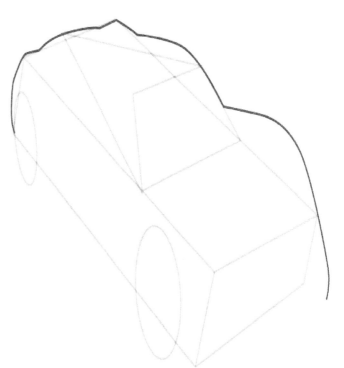

Step 4

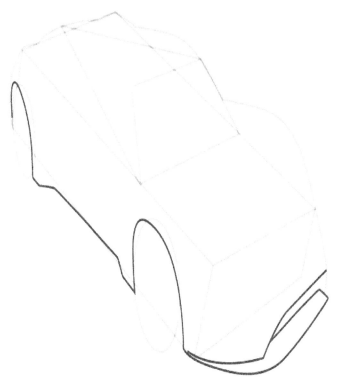

Step 5

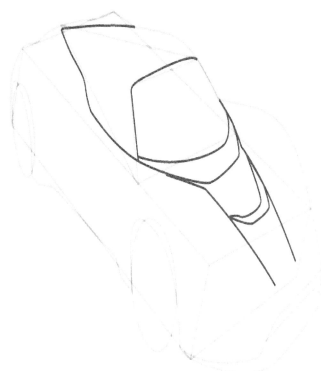

Step 6

Step 7

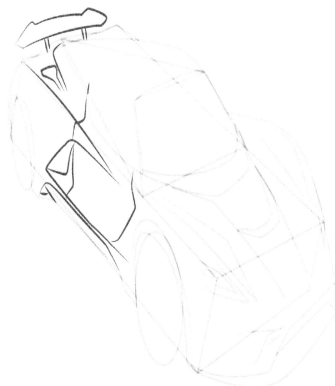

Step 8

Step 9

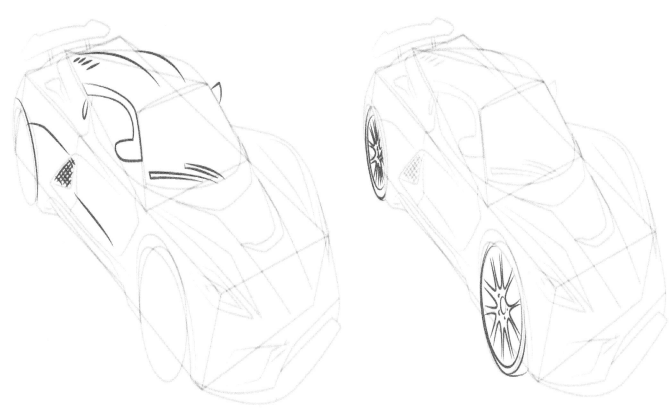

Step 10

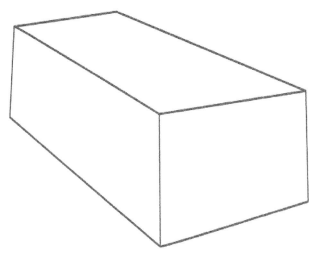

Step 2

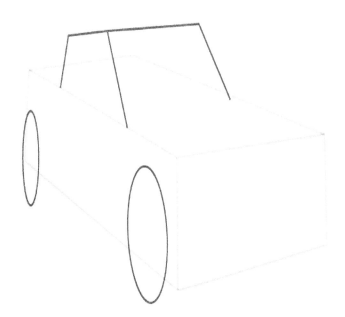

Step 3

Step 4

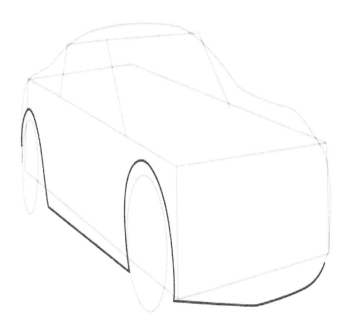

Step 5

Step 6

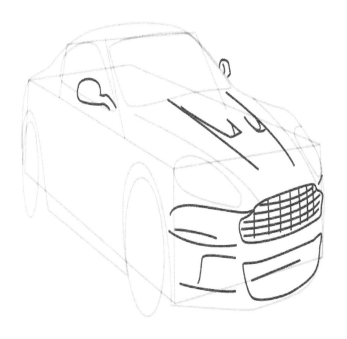

Step 7

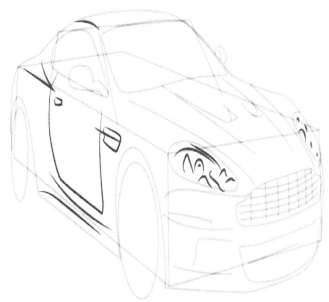

Step 8

Step 9

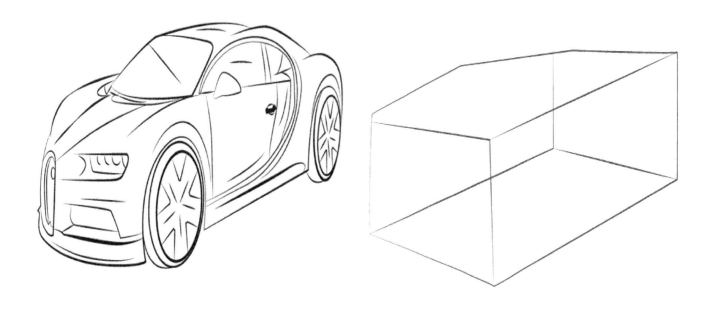

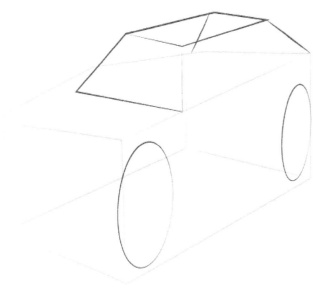

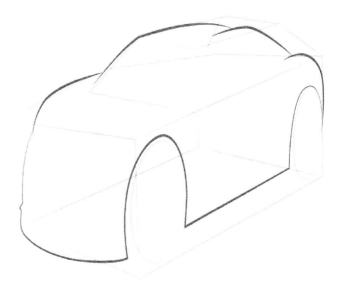

Step 4

Step 5

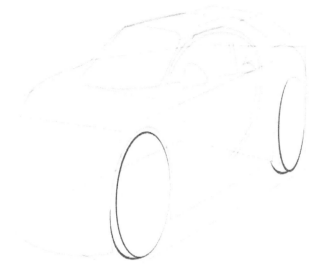

Step 6

Step 7

Step 8

Step 9

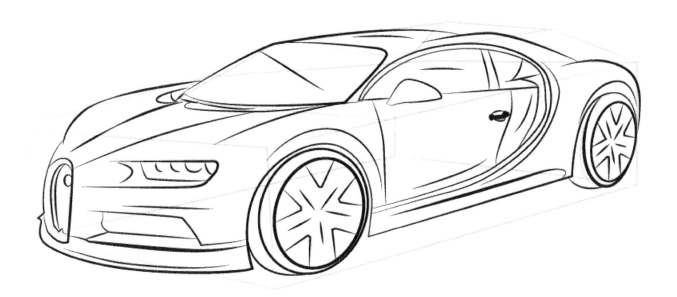

Step 1

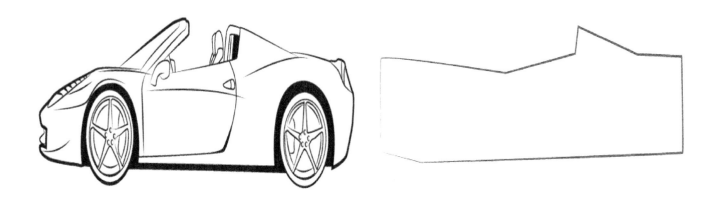

Step 2

Step 3

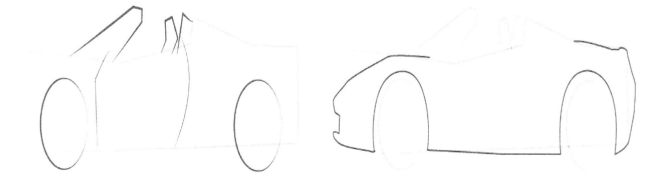

Step 4

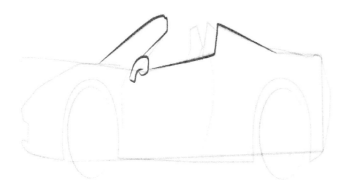

Step 5

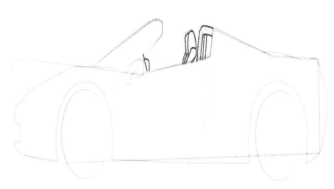

Step 6

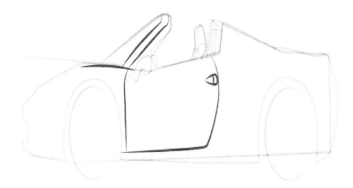

Step 7

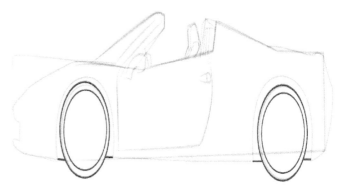

Step 8

Step 9

Step 10

Step 1

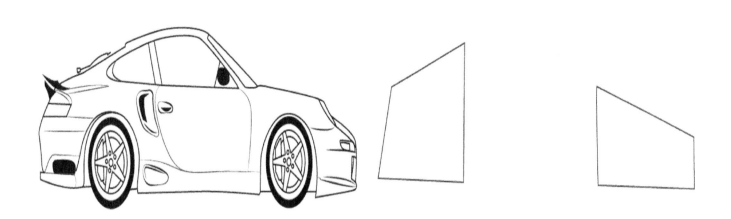

Step 2

Step 3

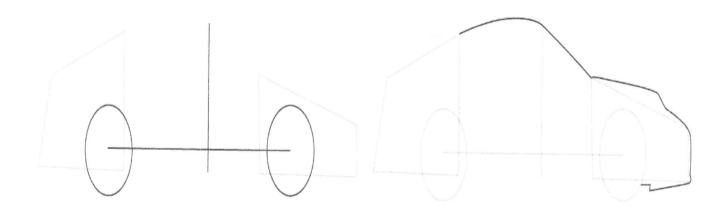

Step 4

Step 5

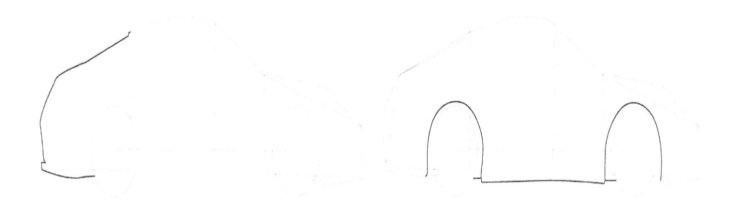

Step 6

Step 7

Step 8

Step 9

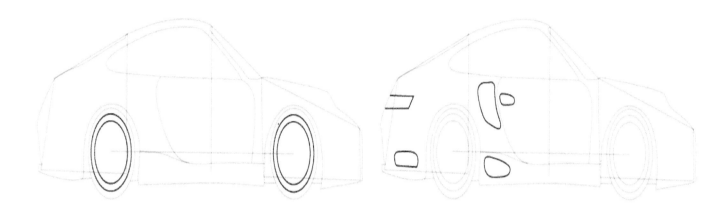

Step 10

Step 11

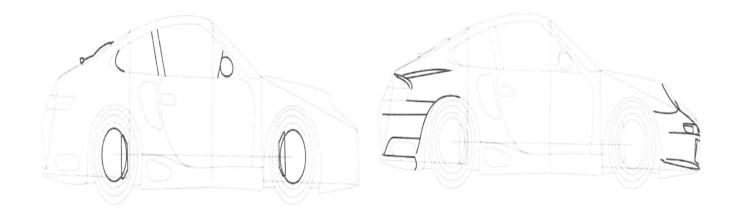

Step 12

Step 13

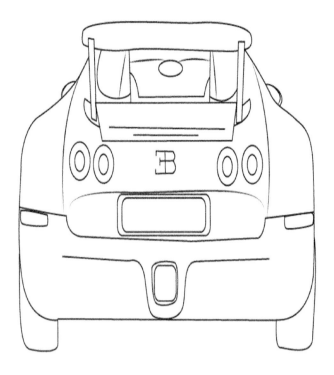

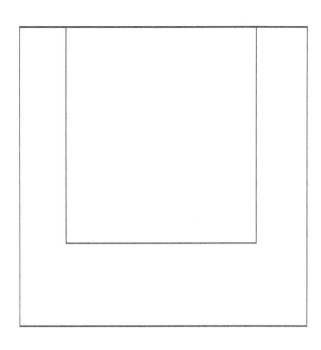

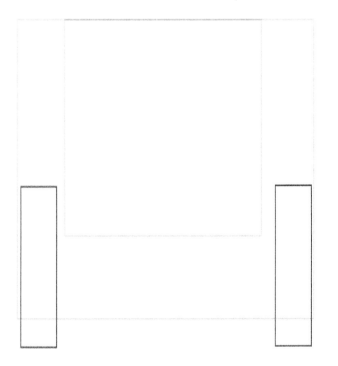

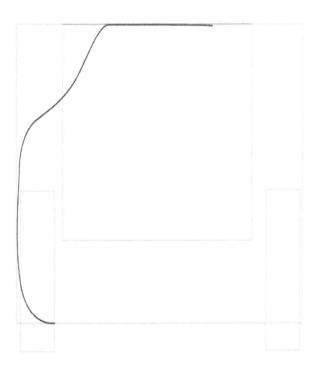

Step 4

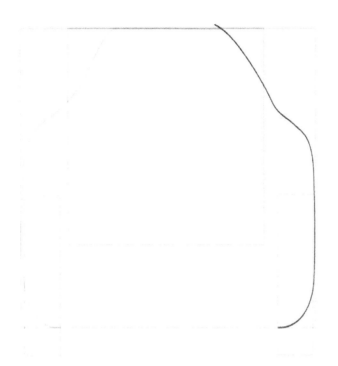

Step 5

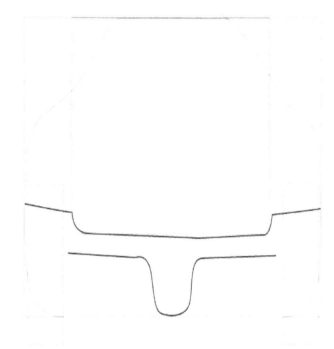

Step 6

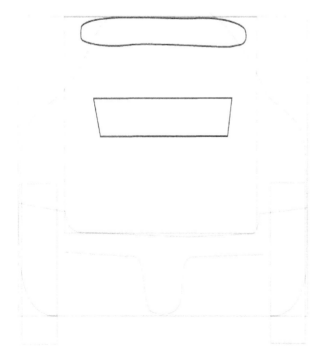

Step 7

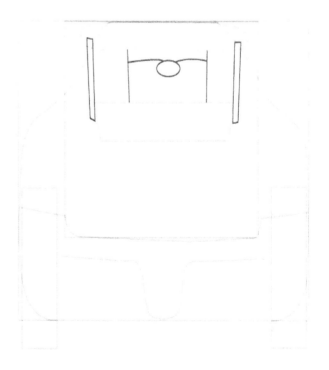

Step 8

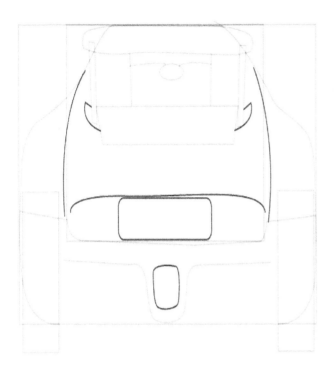

Step 9

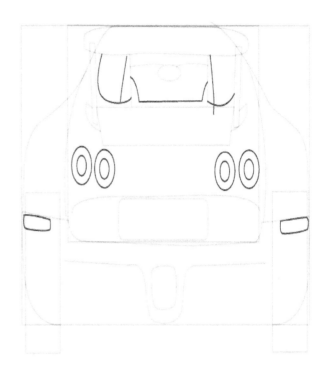

Step 10

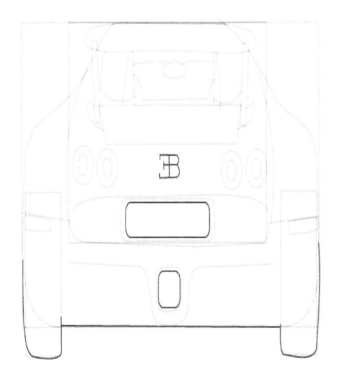

Step 11

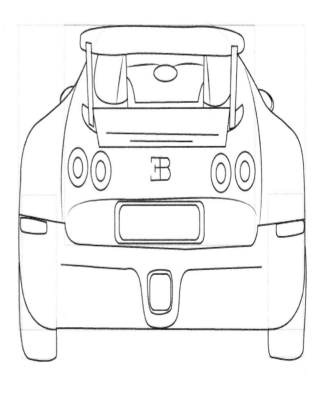

Printed in Great Britain
by Amazon